TAXES FISCALES

concernant les Sociétés

TIMBRE — DROIT DE TRANSMISSION

IMPOT SUR LE REVENU

TAXE DE MAINMORTE

—

DEUXIÈME TIRAGE

—

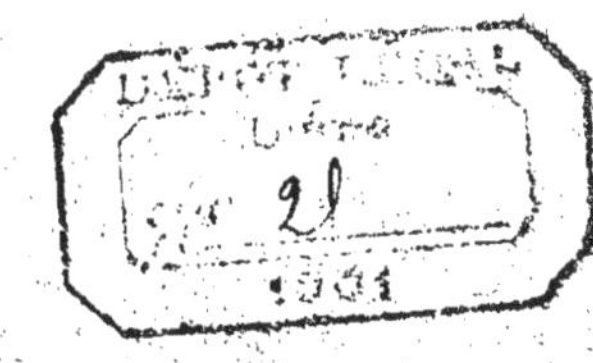

BANQUE DU DAUPHINÉ

Grenoble, Voiron, Rives, La Mure, Vizille, Le Bourg-d'Oisans
et Lyon, 15, quai de Retz

Capital social : 25.000.000 de francs

1921

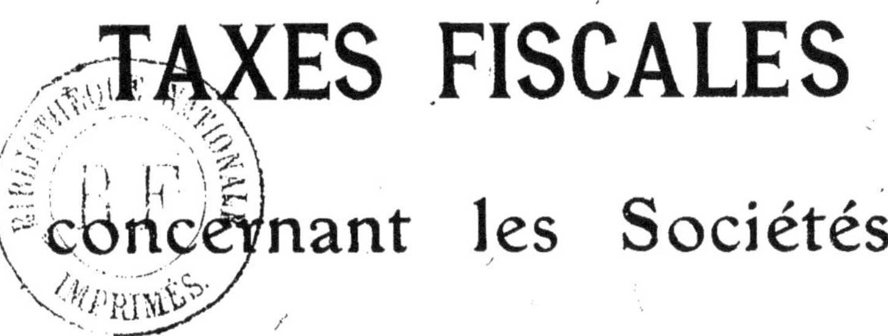

TAXES FISCALES
concernant les Sociétés

TIMBRE — DROIT DE TRANSMISSION

IMPOT SUR LE REVENU

TAXE DE MAINMORTE

DEUXIÈME TIRAGE

BANQUE DU DAUPHINÉ

Grenoble, Voiron, Rives, La Mure, Vizille, Le Bourg-d'Oisans
et Lyon, 15, quai de Retz

Capital social : 25.000.000 de francs

1921

ABRÉVIATIONS

Dict. Réd.	Dictionnaire des Droits d'Enregistrement.
Garnier.	Répertoire Général des Droits d'Enregistrement.
G. P.	Gazette du Palais.
Houpin.	Traité Général théorique et pratique des Sociétés civiles et commerciales (5ᵉ édition).
Instr.	Instruction de l'Administration de l'Enregistrement.
J. E.	Journal de l'Enregistrement.
J. N.	Journal des Notaires et des Avocats.
J. Notar.	Journal du Notariat.
J. S.	Journal des Sociétés civiles et commerciales.
Maguéro.	Traité alphabétique des Droits d'Enregistrement.
Primot.	Traité des Taxes fiscales sur les Valeurs mobilières.
Rev. Nouv.	Revue Nouvelle de Notariat et de Procédure.
S.	Répertoire de Jurisprudence de Sirey.
Sol.	Solution de l'Administration de l'Enregistrement.
Tardieu.	Traité théorique et pratique des Contributions directes.

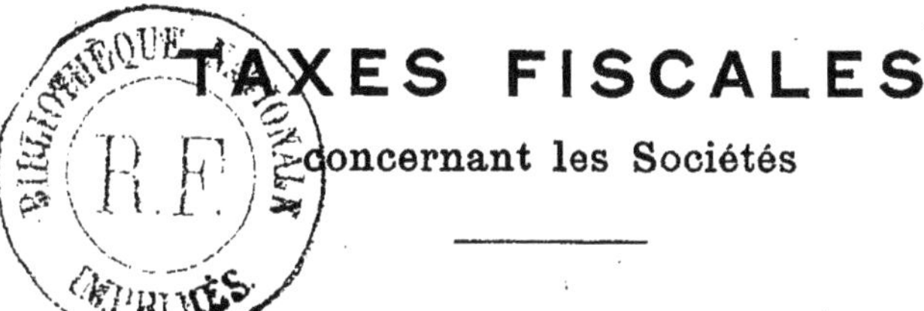

TAXES FISCALES

concernant les Sociétés

TIMBRE, DROIT DE TRANSMISSION, IMPOT SUR LE REVENU TAXE DE MAINMORTE

PREMIERE PARTIE

SOCIÉTÉS COMMERCIALES

CHAPITRE Ier

Sociétés anonymes.

§ 1er. DÉCLARATION D'EXISTENCE. — MODIFICATIONS AUX STATUTS [1].

1. Aussitôt après la constitution définitive d'une société anonyme le Conseil d'administration délègue l'un de ses membres pour faire la déclaration d'existence de la société et souscrire au besoin la déclaration d'abonnement au timbre des actions [2].

[1] La présente notice a été établie en 1912. Elle a été révisée, dans cette seconde édition, en tenant compte des nombreuses modifications apportées depuis à la législation fiscale des sociétés.

Nous avons voulu étudier ici les trois taxes fiscales grevant les sociétés : timbre, droit de transmission, impôt sur le revenu ; nous avons également fait une petite place à la taxe de main-morte, mais l'impôt sur les bénéfices commerciaux et la patente ont été laissés de côté ; l'étude de ces deux impôts nous conduirait trop loin et un commentaire séparé s'impose.

[2] Les sociétés ou fondateurs de sociétés sont tenus, sous peine d'amende, avant de faire une émission publique d'actions ou d'obligations, de publier une notice au *Bulletin des annonces légales obligatoires à la charge des sociétés financières*, direction quai Voltaire, 31, à Paris (art. 3 loi

La déclaration d'existence doit, sous peine d'une amende de 100 à 5.000 francs en principal, être faite au bureau de l'Enregistrement du siège social, dans le mois de la constitution définitive de la société [1].

2. A l'appui de la déclaration il est déposé un exemplaire des statuts, imprimé ou manuscrit et un exemplaire du journal contenant l'insertion légale [2]. L'administrateur doit, de plus, fournir une copie sur timbre de la délibération du Conseil d'administration qui l'a délégué pour la formalité.

3. En cas de modifications dans la constitution sociale, de changement de siège, de remplacement du directeur ou gérant et d'émission de titres nouveaux, les représentants de la société doivent en faire la déclaration dans le délai d'un mois (art. 1er, décret 17 juillet 1857).

§ 2. Timbre.

Actions.

4. Timbre au comptant. Tarif. — Chaque action au porteur ou nominative est soumise au droit de timbre au comptant de 1 % (décimes compris) pour les sociétés dont la durée n'excède pas 10 ans et de 2 % (décimes compris) pour celles dont la durée excède 10 années (loi 25 juin 1920, art. 48).

5. La perception suit les sommes de 20 francs en 20 francs, sans fraction, sur chaque titre d'actions [3].

du 30 janvier 1907, décrets des 27 février 1907, 3 février 1912, 10 octobre 1917 et 30 avril 1920) ; le texte des insertions doit être envoyé à la *Société générale des annonces*, place de la Bourse, 8, à Paris. Le coût des insertions est de 4 francs la ligne. Le Bulletin paraît tous les lundis ; les insertions doivent parvenir à Paris le mercredi au plus tard.

[1] Loi du 23 juin 1857 et décret du 17 juillet 1857.

[2] Les statuts des sociétés à capital variable stipulent souvent qu'il n'y aura jamais de cessions d'actions : il y a retraite d'actionnaires et admission de nouveaux membres ; dans ce cas il n'y a pas lieu à déclaration d'existence de la société.

[3] Lois 5 juin 1850, art. 14, et 23 août 1871, art. 2.

6. Le droit est dû sur le montant du capital nominal et il n'est rien déduit pour les sommes restant à payer sur les actions libérées partiellement [1].

7. Abonnement. — La société peut s'affranchir du paiement du droit au comptant en souscrivant un abonnement pour toute la durée de la société [2].

8. L'abonnement est souscrit au bureau d'Enregistrement du siège social, par un administrateur, délégué spécialement par le Conseil d'administration. Une copie sur timbre de la délégation est fournie au receveur (voir *supra*, n° 2).

9. Tarif d'abonnement. — Le droit d'abonnement est de 0 fr. 10 % par an (décimes compris) du capital nominal (loi 25 juin 1920, art. 48) soit 0 fr. 50 par chaque action de 500 francs. Il ne suit pas les sommes de 20 francs en 20 francs comme pour le droit au comptant [3].

10. Epoque de paiement. — Le paiement du droit d'abonnement devrait être effectué par quart à la fin de chaque trimestre, sans avis préalable, mais, en fait, comme il n'y a pas de pénalité en cas de retard [4] le versement a toujours lieu en même temps que celui concernant la taxe de transmission et l'impôt sur le revenu, dans les vingt premiers jours des mois de janvier, avril, juillet et octobre.

11. Souscription de l'abonnement. — L'abonnement doit être souscrit avant la création des titres, c'est-à-dire avant qu'ils soient signés.

12. Le droit de timbre n'est perçu qu'en cas de création des titres d'actions et seulement à partir de cette création [5].

[1] Décision Min. Fin., 6 mai 1861; Primot, *Dict. Réd.*, Actions et obligations, n° 166.

[2] Lois 5 juin 1850, art. 22, 23 août 1871, art. 2, et 30 mars 1872, art. 3.

[3] Maguéro, Titres négociables, n° 52.

[4] Maguéro, Titres négociables, n°s 91 *bis* et 95.

[5] Maguéro, n° 55; Solution 12 novembre 1886.

13. Point de départ. — Pour le premier paiement le droit n'est dû qu'au prorata du nombre de jours écoulés, sur le trimestre en cours depuis l'abonnement [1].

14. Mode de timbrage. — Si tous les titres sont nominatifs le timbre est apposé sur les premiers titres.

15. D'après l'article 17 de la loi du 5 juin 1850, les nouveaux titres à délivrer, par suite de transfert ou renouvellement, devraient être timbrés à l'extraordinaire ou visés pour timbre gratis, mais, en pratique, le timbrage ne se fait pas la plupart du temps [2].

16. Lorsque, d'après les statuts, les titres sont au porteur ou nominatifs, au choix de l'actionnaire, l'empreinte du timbre est apposée seulement sur les titres au porteur (titres et souche) ; elle n'a pas à être apposée sur les certificats nominatifs [3].

17. Mention d'abonnement imprimée. — D'après la loi du 31 décembre 1920, art. 10, l'Administration de l'Enregistrement peut dispenser la société de l'apposition du timbre sur la souche et le talon des titres ; dans ce cas, l'apposition du timbre est remplacée par la mention suivante, imprimée sur les titres : « Droit de timbre acquitté par abonnement. Avis d'autorisation inséré au *Journal officiel* du....... ». La mention est imprimée tant sur la souche que sur le talon des titres (décret 8 janvier 1921).

18. Une demande sur timbre doit être adressée à l'Administration de l'Enregistrement, pour ce mode de timbrage.

[1] Les titres imprimés contiennent généralement, comme date de signature, la date de création de la société ; néanmoins, il est reconnu que le droit de timbre n'est dû, dans ce cas, qu'à partir de l'abonnement (Maguéro, Titres négociables, n° 56).

[2] Les actions de jouissance délivrées en remplacement des actions de capital, à la suite du remboursement du capital, doivent être timbrées gratuitement (*Sol.*, 11 juillet 1895) mais bien entendu la taxe d'abonnement continue à être exigible s'il n'y a pas eu timbrage au comptant, à l'origine.

[3] Maguéro, Titres négociables, n° 40. L'actionnaire a toujours le droit d'exiger un titre nominatif (loi 23 juin 1857, art. 8) comme d'ailleurs un obligataire.

19. L'insertion au *Journal officiel* (indiquée en la mention) est faite par les soins de l'Administration.

20. Titres provisoires. — Les titres provisoires d'actions sont soumis au timbre [1], mais non les simples reçus du premier versement ne contenant pas les numéros des actions [2].

21. Actions d'apport. — Lorsqu'il existe des actions d'apport il est préférable de ne pas les créer (signer) pendant les deux années à partir de la constitution de la société, puisque ces actions ne pourraient pas être détachées de la souche. On évite ainsi le droit de timbre pendant les deux années [3].

22. Dans le cas où il serait délivré, non les actions d'apport, qui ne peuvent être détachées de la souche, mais des certificats constatant la propriété des actions, ces certificats seraient soumis au *timbre de dimension* [4].

23. Débiteur des droits. — Les droits de timbre sont à la charge de la société.

24. Sociétés improductives. — D'après l'article 24 de la loi du 5 juin 1850, sont dispensées du droit de timbre les sociétés qui, postérieurement à leur abonnement, n'ont, dans les deux dernières années, payé ni dividendes, ni intérêts, et ce, tant qu'il n'y a pas de répartition.

25. Le délai de deux ans court de la date de l'abonnement et non du jour de la constitution de la société [5].

[1] Houpin, n° 1583.

[2] Lille 16 mars 1906, *J. E.*, 27.250.

[3] Houpin, n° 1585; Maguéro, 2e Supp., Titres négociables, n° 7; voir Lille 6 juillet 1905; *Rev. Nouv.*, 1906, p. 496; Solutions 6 novembre 1895 et 10 avril 1906, *J. E.*, 27.255.

On fait imprimer les actions d'apport avec les actions souscrites en numéraire, mais on ne les signe qu'après les deux ans.

[4] Solution 10 avril 1906; Seine 28 décembre 1910; *J. E.*, 28.785; Garnier, 12.380; Maguéro, Supp. n° 5; Houpin, n° 1585.

[5] Seine 17 novembre 1900; Maguéro, Supp., Titres négociables, n° 14.

26. En cas d'augmentation de capital, il faut envisager chaque tranche de capital isolément; ainsi la dispense de droits sur les titres d'une augmentation ne commence à courir que deux ans après la date d'abonnement de ces titres [1].

27. Mise en liquidation. — La taxe d'abonnement cesse d'être exigible en cas de faillite ou liquidation judiciaire de la société, comme dans le cas de mise en liquidation amiable par l'assemblée générale [2].

28. Pénalités. Registre à souche — Les sociétés doivent se conformer aux dispositions relatives au timbre pour les titres des actions, comme ceux des obligations négociables qui pourraient être émises, sous peine d'une amende de 12 % en principal du montant de chaque action et de 10 % de chaque obligation. Les titres doivent être tirés de registres à souche (loi 5 juin 1850).

29. Prescription. — La prescription pour le recouvrement des droits de timbre est de trente ans (art. 2262 du Code civil [3]).

30. Les sociétés ont un délai de cinq ans pour demander la restitution des droits qui auraient été payés à tort [4].

Parts de fondateur.

31. Les règles qui viennent d'être exposées pour les actions sont applicables aux parts de fondateur ou parts bénéficiaires.

32. Pour la perception des droits une évaluation des parts doit être faite par le délégué du Conseil d'administration.

[1] Lyon 17 juillet 1903; Maguéro, Supp. n° 15.
[2] Maguéro, Titres négociables, n° 63.
[3] Maguéro, Titres négociables, n° 12.
[4] Maguéro, Titres négociables, n° 105.

Obligations.

33. Timbre au comptant. — Les obligations négociables émises par les sociétés anonymes sont assujetties au droit de timbre au comptant de 2 % (décimes compris) sur leur capital nominal quelle que soit leur date d'exigibilité [1].

34. La perception suit les sommes de 20 francs en 20 francs [2].

35. Abonnement. — Les sociétés peuvent, comme pour les actions, s'exonérer du paiement du droit au comptant, en souscrivant un abonnement.

36. Tarif. — Le droit d'abonnement est de 0 fr. 10 % par an (décimes compris) payable par quart aux époques indiquées ci-dessus (n° 10 *supra*) pour les actions (loi 25 juin 1920, art. 48). Pour le calcul du droit on ne suit pas les sommes de 20 francs en 20 francs sur chaque obligation [3].

37. Bons. Effets négociables — Ces dispositions ne concernent que les obligations négociables et non les effets de commerce dans lesquels on range les bons à échéance fixe émis par les banques [4]. Ces bons sont donc soumis au timbre des effets de commerce.

38. Mention d'abonnement imprimée. — Pour les obligations on peut, comme pour les actions, remplacer le timbrage par une mention imprimée (voir n° 17 *supra*).

39. Enregistrement d'acte d'émission d'obligations. — Nous ferons remarquer en passant que les actes d'émission

[1] Lois 5 juin 1850, 23 août 1871, art. 2, et 25 juin 1920, art. 48.

[2] Maguéro, Titres négociables, n° 75.

[3] Maguéro, Titres négociables, n° 81. Les formalités sont les mêmes que pour les actions (*Supra*, n°s 8, 10, 11, 12, 13, 14, 15, 16).

[4] Ainsi ne sont pas soumis aux dispositions du timbre au comptant ou de l'abonnement les bons des sociétés de capitalisation (effets de commerce). Cassation 7 mai 1912; Sirey, 1914.1.489, et 9 février 1921; *G. P.* du 18 mars 1921; art. 38, loi 25 juin 1920. Ces bons ne sont pas non plus passibles de la taxe de transmission.

d'obligations négociables, avec ou sans affectation hypothécaire, sont enregistrés au droit fixe de 6 francs[1]; la taxe pour le timbre couvre en même temps le droit de titre[2].

§ 3. Droit de transmission.

Actions.

40. Actions nominatives. — Le droit de transmission est de 0 fr. 90 % sans décimes sur le prix de chaque action cédée (loi 29 mars 1914, art. 41[3]).

41. Le droit est dû lors du transfert sur le registre[4] de la société. Il est à la charge des actionnaires (acquéreurs des titres[5]).

42. Le droit de 0 fr. 90 % sans décimes est applicable à des cessions d'actions qui ont lieu dans la forme de l'article 1690 du Code civil[6].

43. La perception suit les sommes de 20 francs en 20 francs, sur chaque opération de transfert ou conversion, avec un minimum de droit de 0 fr. 25[7].

[1] Les émissions d'obligations faites par un particulier sont soumises au droit de titre ordinaire de 1 % ; le droit fixe de 6 francs ne s'applique qu'aux émissions faites par les sociétés (même en nom collectif).

[2] Cassation 27 mai 1862; *S.*, 62.1.583-585, et 16 avril 1866; *S.*, 66.1.265; Solution 1er juin 1900; *S.*, 1902.2 221; *J. S.*, 1900, p. 455; *J. E.*, 26.326; Houpin, n° 1604; Maguéro, Obligations, n° 88, et Supp. n° 13, Titres négociables, n° 26; voir Cassation 25 mai 1909 avec note de Wahl sur Sirey, 1911, 1.281.

[3] Bien entendu la partie non appelée du capital n'est pas comptée (Maguéro, Titres négociables, n° 142, art. 6, loi 23 juin 1857).

[4] Dans la plupart des grandes sociétés, le registre est constitué par des feuilles volantes (bordereaux de transfert) qui sont reliées après régularisation (Houpin, n° 394; Maguéro, Titres négociables, n° 128). Les registres ou bordereaux peuvent être sur papier non timbré (Maguéro, n° 129).

[5] Pour les obligations le fait que les revenus sont payables nets d'impôts n'implique pas que le droit de transfert incombe à la société (Justice de paix, 8e arrond. de Paris, 4 décembre 1919; *J. S.*, 1921, p. 85).

[6] Cassation 4 février 1895; *Gaz. du Not. et de l'Enreg.*, 1895, p. 207, et 27 avril 1906; *Rev. Nouv.*, 1906, p. 297.

[7] Maguéro, Titres négociables, n° 144.

44. Epoques de paiement. Pénalités. — Chaque trimestre, dans les vingt premiers jours de janvier, avril, juillet et octobre, *sans avis préalable,* les sociétés font la déclaration des transferts opérés dans le trimestre précédent (arrêtés au 1er du mois) sous peine d'une amende de 100 à 5.000 francs en principal.

45. Transferts d'ordre. — Pour les tranferts d'ordre, après décès, les sociétés doivent exiger la remise du certificat constatant que les droits de mutation ont été payés (art. 15, loi 25 février 1901). Ces transferts sont indiqués pour ordre dans la déclaration trimestrielle, de même que tous transferts résultant de donations ou autres actes enregistrés et les transferts à titre de garantie (art. 91, Code de commerce [1]).

46. Conversion au porteur. — La conversion des titres nominatifs en titres au porteur, lorsqu'elle est permise par les statuts, donne ouverture au droit de 2 % (loi 25 juin 1920, art. 49).

47. La conversion des titres au porteur en titres nominatifs est exempte de droits depuis la loi du 26 décembre 1908.

48. Lorsqu'une assemblée générale extraordinaire d'une société décide que les actions, auparavant nominatives, pourront être à l'avenir au porteur ou nominatives, l'option de l'actionnaire, pour la forme au porteur, ne donne pas lieu au droit de conversion [2].

49. Remboursement du droit en cas de remploi. — Lors-

[1] Avant la loi du 29 juin 1918, il était admis qu'un transfert pouvait être fait en vertu d'un partage sous seing privé non enregistré, mais le droit de transfert était perçu sur une soulte (Maguéro, Titres négociables, n° 140). Aujourd'hui un transfert pourrait être fait en vertu d'un partage qui résulterait de correspondance puisque ce partage ne tomberait pas sous l'application de la loi du 29 juin 1918 (Maguéro sur *J. S.*, 1918, p. 291; Réponse Min. Fin. 14 juin 1918, *Journal officiel,* 15 juin 1918).

[2] Seine 19 février 1886; Solution 14 février 1887; Maguéro, Titres négociables, n° 176.

que le titulaire d'un titre nominatif a dû le convertir au porteur en vue de le vendre et qu'il a acquitté de ce chef le droit de 2 % il peut obtenir le remboursement de ce droit si, dans le délai d'un mois à compter de la conversion, il a remployé le prix de la vente, intégralement, en valeurs mises au même nom et dont la conversion au porteur est assujettie au droit proportionnel (art. 17, loi 31 juillet 1920; décret 14 avril 1921).

50. D'après ces dispositions, il y aurait intérêt à procéder par voie de conversion au porteur, puisque le droit de 2 % est remboursé alors que dans le cas de transfert direct (du nominatif au nominatif) le droit de 0 fr. 90 % demeure acquis au Trésor [1].

51. Actions au porteur. — Pour ces actions le droit de transmission est remplacé par une taxe annuelle de 0 fr. 50 % (loi 25 juin 1920, art. 49 [2]).

52. Quand les titres ne sont pas libérés il est déduit de la valeur nominale les versements restant à faire.

53. La taxe se calcule sur le cours moyen de l'année précédente pour les actions cotées (loi 23 juin 1857 [3]). On obtient le cours moyen en divisant le total des cours moyens de chacun des jours de l'année par le nombre de jours.

Pour les actions non cotées le droit est établi sur le prix moyen des cessions pendant l'année précédente [4] ou à défaut sur une déclaration estimative.

[1] Julliot, *J. Notar.*, 1920, p. 354.

[2] Ce droit a été fixé successivement aux taux suivants :
0 fr. 12 %, loi 23 juin 1857, art. 6;
0 fr. 15 %, loi 16 septembre 1871, art. 11;
0 fr. 25 %, loi 30 mars 1872, art. 1er;
0 fr. 20 %, loi 29 juin 1872, art. 3;
0 fr. 25 %, loi 26 décembre 1908, art. 6;
0 fr. 30 %, loi 29 mars 1914, art. 41;
Et enfin 0 fr. 50 %, loi 25 juin 1920, art. 49.

[3] Maguéro, Titres négociables, n° 158. Voir également n° 167 pour titres cotés pendant une partie de l'année.

[4] Seine 23 juin 1893; Solution 3 août 1893. D'après Maguéro (Titres négociables, n° 163) la perception devrait être établie sur le prix moyen des cessions réalisées pendant le trimestre auquel s'applique la perception.

54. Il est d'usage de faire fixer la valeur exacte par l'assemblée générale annuelle, lorsque la valeur nominative de l'action devient trop élevée.

55. Pour la perception de la taxe on envisage le nombre de titres au porteur en circulation au dernier jour du trimestre sans s'occuper des dates de conversion; une action convertie au porteur le 30 mars paiera la totalité de la taxe pour le premier trimestre [1].

Le calcul se fait sur l'ensemble des titres au porteur en arrondissant de 20 francs en 20 francs sur cet ensemble et non sur chaque titre.

56. Point de départ. — Nous avons vu que pour le timbre le point de départ du droit était l'abonnement et qu'il n'était rien dû s'il n'y avait pas création de titres.

57. L'Administration prétend au contraire, pour le droit de transmission, que ce droit rétroagit au jour de la constitution de la société, s'il y a création d'actions au porteur à l'origine [2].

58. Pour les actions d'apport le délai ne part que de l'expiration des deux ans, mais toujours avec rétroactivité à l'expiration de ces deux ans, quand même la création interviendrait plus tard [3].

59. La théorie de l'Administration est très contestable et la question est actuellement soumise à la Cour de Cassation.

60. Epoques de paiement. — Les droits sont payables par trimestre, comme pour les actions nominatives. Ils sont retenus à chaque actionnaire sur ses dividendes, d'où la

[1] Maguéro, Titres négociables, n° 151.

[2] *Contrà*, Seine 10 mars 1893; Maguéro, n° 148.

[3] Lyon 22 décembre 1910. *Contra :* Seine 10 mars 1893, *J. S.*, 2.586, et 1er avril 1913, *J. E.*, 29.106; Marseille 27 juin 1918, *J. E.*, 30.798; Maguéro, Titres négociables, n° 148, et Supp. n° 35; Houpin, *J. S.*, 1913, p. 85.

différence de revenu entre les titres au porteur et les titres nominatifs.

61. Actions transmissibles par endossement. — Les titres dont la transmission se fait par endossement, sans inscription sur un registre de transferts, sont assimilés à des titres au porteur, pour le paiement du droit de transmission [1].

62. Actions des administrateurs. — Les actions des administrateurs affectées à la garantie de la gestion étant inaliénables ne sont pas soumises à la taxe [2], même si elles sont au porteur.

63. Exonération du droit de conversion. — Les actions, obligations ou parts bénéficiaires nominatives attribuées à une société française par actions en représentation de versements ou d'apports en nature ou en numéraire par elle faits à une autre société française, sont, lors de leur conversion au porteur, affranchies du droit de conversion de 2 % (art. 28, loi 31 juillet 1920).

64. Prescription. Restitutions. — Le droit de transmission perçu à tort peut être restitué (loi 18 janvier 1912). La prescription pour la restitution est de deux ans.

65. Il y a prescription des droits, après deux ans, dans les cas suivants : erreur matérielle commise par le receveur, insuffisance d'évaluation, amende omise.

66. S'il y a omission de certains titres dans une déclaration, la prescription des droits est de cinq ans.

67. Lorsqu'il y a défaut de déclaration et non omission, la prescription est de trente ans (Seine 6 décembre 1902).

Obligations. — Parts de fondateur.

68. Les dispositions qui précèdent sont applicables aux

[1] Cassation 10 juillet 1889 ; *Instr.*, 2791, § 1er.

[2] Maguéro, Titres négociables, n° 170 *ter*.

obligations négociables [1] émises par les sociétés, aux parts de fondateur et, bien entendu, aux actions de jouissance.

§ 4. Taxe sur le revenu.

Actions.

69. Taux de la taxe. — Les sociétés doivent une taxe annuelle de 10 % [2] sur les dividendes distribués et fixés dans les délibérations d'assemblées générales ou de Conseils d'administration, dans les comptes rendus [3] ou dans tous autres documents analogues [4].

70. Bénéfices imposables. — La taxe n'est due que sur les dividendes *distribués* aux actionnaires et non sur les sommes mises en réserve, par exemple, pour fonds de prévoyance, amortissement, etc.

71. Débiteur de la taxe. — La taxe, dont la société fait l'avance, incombe à l'actionnaire et est retenue sur son coupon de dividende.

72. Taxe prise en charge par la société. — Si la société conserve la taxe à sa charge, il en résulte un supplément de dividende lui-même soumis à l'impôt sur le revenu et qui est à ajouter au dividende taxable [5].

73. Il en serait de même pour le droit de transmission des actions, qui serait pris en charge par la société [6].

[1] Il faut entendre par là les titres de coupure égale, susceptibles d'être négociés en Bourse ou en Banque. Ainsi que nous l'avons vu plus haut, ces dispositions ne s'appliquent pas aux bons des sociétés de capitalisation (n° 37, *supra*, note).

[2] La taxe, d'abord de 3 % (loi 29 juin 1872, art. 3), a été portée à 4 % à partir du 1er janvier 1891 (loi 26 décembre 1890, art. 4), puis à 5 % à partir du 1er janvier 1917 (loi 30 décembre 1916, art. 11) et enfin à 10 % à partir de la promulgation de la loi 25 juin 1920 (art. 50).

[3] C'est-à-dire dans les comptes de gestion (rapports) que les membres du Conseil d'administration rendent à leurs co-associés réunis en assemblée générale (Houpin, n° 1640; Maguéro, Impôt sur le revenu, n° 150).

[4] Lois des 29 juin 1872 et 26 décembre 1890.

[5] Cassation 6 juillet 1880 et 29 juillet 1912, *S.*, 1914.1.473.

[6] Dans ce cas, il faut ajouter au dividende de chaque action nominative

74. Réserves affectées à une augmentation de capital. — Les réserves transformées en actions, à titre d'augmentation du capital, sont passibles de l'impôt sur le revenu [1].

75. Toutefois, l'article 9 de la loi du 31 décembre 1920 exonère de l'impôt les réserves des sociétés minières qui se trouveront incorporées au capital dans le cas de transformation de ces sociétés prévu par la loi du 31 juillet 1920, art. 18. Cette exonération n'aura lieu que si la transformation intervient dans les deux ans de la loi du 31 juillet 1920 [2].

76. Bénéfices employés au rachat de parts de fondateur. — La taxe est due à raison de ces bénéfices, mais seulement sur la différence qui existe entre la valeur des parts, lors de la création et le prix du rachat [3].

77. Epoques de paiement. — Le paiement de la taxe doit être effectué, sans avis préalable, dans les vingt premiers jours des mois de janvier, avril, juillet et octobre (comptes arrêtés au 1er du mois) sous peine d'une amende de 100 francs à 5.000 francs en principal.

78. L'Administration a admis des sociétés à revenu fixe à payer la taxe pour l'année entière, en une seule fois. Elle autorise même le paiement en une seule fois, de la taxe

une somme équivalente à la taxe payée par la société sur chaque action au porteur, car autrement les porteurs d'actions nominatives supporteraient un impôt qui ne doit pas leur incomber (voir *infra*, n° 125 *ter*).

[1] Cassation 7 juin 1880, 3 avril 1911 et 22 novembre 1911, *J. E.*, 28.284 et 28.690; Lyon 4 juillet 1917, *J. E.*, 30.544; Rouen 31 mars 1919, *J. S.*, 2.728, et implicitement loi du 31 décembre 1920, art. 9. *Contra :* Lille, 17 mai 1912; Saint-Quentin 6 mai 1914, *J. S.*, 2.465.

[2] L'art. 30 de la loi du 31 juillet 1920 exonère également de la taxe les sociétés françaises de groupement de porteurs de titres étrangers.

[3] Cassation 21 janvier 1920, *J. S.*, 1920, p. 211, 17 mai 1920, *J. S.*, 1921, p. 101, et 7 mars 1921, *Rev. Nouv.*, 1921, p. 263; Lyon, 15 juin 1915, *J. E.*, 29.948; Seine 10 décembre 1915 et 2 novembre 1918, *J. E.*, 30.649 et 30.723. L'Administration est fondée à évaluer la valeur initiale des parts au chiffre de l'estimation donnée pour l'abonnement au timbre.

provisoirement liquidée, pour les sociétés à revenu variable[1].

79. Calcul de la taxe. — On ne suit pas les sommes de 20 francs en 20 francs pour le calcul de la taxe[2].

80. Pour les sociétés nouvellement créées le revenu est évalué provisoirement à 5 % du capital. Le droit est définitivement réglé après la première assemblée générale qui fixe le dividende.

81. Le premier versement à effectuer porte seulement sur le prorata couru depuis la constitution définitive de la société (*Instr.,* 2.457).

82. Après le premier exercice, les paiements se font sur un revenu fixé provisoirement aux 4/5 du dernier revenu distribué[3].

83. Dans le cas d'augmentation de capital les calculs ne sont pas modifiés, pour la période à courir jusqu'à la première assemblée annuelle qui suit. Il n'est pas payé provisoirement sur un revenu forfaitaire de 5 % comme pour le cas de constitution de société[4].

84. Chaque année, après la clôture des écritures, il est procédé à la liquidation définitive de la taxe; si, de cette liquidation il résulte un supplément de taxe, ce supplément est immédiatement acquitté; dans le cas contraire, l'excédent versé est imputé sur l'exercice courant (décret 6 décembre 1872). Le receveur doit exiger le paiement lors du dépôt des délibérations. Il n'y a pas d'amende s'il a accepté le dépôt des pièces sans paiement[5].

85. Restitution d'excédent. Prescription. — Si la société

[1] Maguéro, Impôt sur le revenu, n° 330, note 1.
[2] Solution 30 décembre 1874; Maguéro, Impôt sur le revenu, n° 8.
[3] Pour le premier exercice le droit est perçu, chaque trimestre, sur le quart du revenu forfaitaire de 5 % et non sur le quart des 4/5 (Solution 15 mars 1875, Seine; Maguéro, cité, n° 343, note 2).
[4] Maguéro, Impôt sur le revenu, n° 344.
[5] Maguéro, Impôt sur le revenu, n° 341.

prend fin ou si elle est improductive, l'excédent versé est restituable. L'action en restitution se prescrit par cinq ans (art. 21, loi 26 juillet 1893).

86. Exemption. — Est exempté de la taxe, le revenu des actions, parts et obligations *souscrits* par la société, et se trouvant dans son portefeuille de valeurs, à condition que les titres souscrits soient nominatifs (art. 27, loi 31 juillet 1920).

87. Les revenus d'autres titres, comme ceux provenant d'achats, sont imposables [1].

88. Dépôt de délibérations et comptes rendus. Pénalités. — Les sociétés doivent, sous peine d'amende, déposer chaque année à l'Enregistrement les copies [2] de comptes rendus et les extraits des délibérations du Conseil d'administration ou de l'assemblée générale fixant les dividendes, dans les vingt jours de leur date. Si le vingtième jour est un dimanche il n'est pas accordé un jour complémentaire. Les pièces sont établies sur papier non timbré.

Allocations du Conseil d'administration.

89. Allocations imposables. Tarif. — La part de bénéfices attribuée aux administrateurs par les statuts est soumise à la taxe de 10 % sur le revenu [3].

90. La taxe n'est pas due sur les jetons de présence [4], traitements et autres participations alloués aux administrateurs et portés aux frais généraux [5]. Mais ceux-ci doivent, dans ce cas, l'impôt cédulaire sur les traitements.

91. La taxe est due sur la part des administrateurs dé-

[1] Maguéro, Titres négociables, n° 123.
[2] Ces copies doivent être entières (Cassation 24 juillet 1911, *J. E.*, 28.429; *Instr.* 3.334, § 8).
[3] Art. 12, loi de Finances du 13 juillet 1911, et art. 50, loi 25 juin 1920.
[4] Note *J. E.*, 30.096.
[5] Voir : *J. E.*, 28.307; *Instr.*, 1er septembre 1912, Defrénois, 17.696; Etude *J. E.*, 29.042.

légués [1] mais non sur la part allouée à un administrateur en sa qualité de directeur [2] ni à la rémunération ne résultant pas des statuts, mais d'une délibération d'assemblée générale [3].

92. Epoque de paiement. — La taxe est payable dans les vingt jours de la mise en distribution des bénéfices. A l'appui du paiement il doit être déposé un état certifié des bénéfices distribués aux administrateurs (décret 22 août 1912; *J. S.*, 1er septembre 1912).

Parts de fondateur.

93. Les bénéfices revenant aux propriétaires de parts de fondateur sont passibles de la taxe de 10 % sur le revenu [4].

Obligations et emprunts.

94. Obligations et emprunts imposables. — La taxe de 10 % sur le revenu est due sur les intérêts des emprunts souscrits par les sociétés anonymes [5].

95. Ainsi elle est due sur les intérêts : 1° des obligations négociables émises par ces sociétés; 2° des dettes hypothécaires [6]; 3° des bons à échéance fixe émis par des banques [7], etc.

96. Avant la loi du 31 juillet 1917 certains intérêts n'étaient pas imposables, mais l'article 38 de cette loi n'exonère plus que les intérêts *de toute opération commerciale ne présentant pas le caractère juridique d'un prêt.*

97. Les intérêts des comptes courants ne sont pas impo-

[1] *J. E.*, 29.042.
[2] *J. E.*, 29.042; Lyon 13 juillet 1915, *J. S.*, 2.699.
[3] Seine 21 janvier 1914, *J. S.*, 29.315.
[4] Décision Min. Fin. 13 décembre 1881.
[5] Lois 29 juin 1872, art. 1er; 21 juin 1875, art. 5; 26 décembre 1890, art. 4, et 25 juin 1920, art. 50.
[6] Cassation ch. réun. 27 mars 1901.
[7] Maguéro, Impôt sur le revenu, n° 240.

(*)

sables[1] mais l'Administration considère qu'il y a compte de dépôt (imposable), et non compte courant, lorsqu'une somme est déposée par un associé à une société, qu'elle sert au fonctionnement de cette société et est incorporée pour ainsi dire au capital.

98. Le prix de l'escompte n'est pas imposable[2].

99. Les intérêts de prix de marchandises ne sont pas imposables, mais ceux de prix d'immeubles doivent être taxés en vertu de la loi du 31 juillet 1917.

100. Débiteur de la taxe. — La taxe incombe au créancier des intérêts.

101. Taxe prise en charge. — Pour le calcul du droit il n'est pas ajouté aux intérêts (comme pour les actions) la taxe que la société prend à sa charge[3].

102. Epoque de paiement. — La taxe se paie par trimestre comme pour les dividendes des actions. Si les intérêts des emprunts n'étaient pas payés il y aurait lieu à restitution du droit avancé.

103. Remboursement aux petits rentiers. — Le titulaire d'obligations nominatives des villes ou départements français, du Crédit Foncier ou des Compagnies de chemins de fer français ou coloniaux a le droit de demander le remboursement de la moitié de la taxe, à la condition qu'il ait sa résidence en France et que son revenu global net (tel qu'il est établi pour l'impôt général sur le revenu) ne dépasse pas 6.000 francs (loi 25 juin 1920, art. 51).

[1] *Instr.*, 31 décembre 1917; voir sur la question de distinction entre le compte courant et le compte de dépôt notre *Notice sur les nouveaux droits de timbre des effets négociables et les taxes sur les paiements*, 3e édit., n° 50 *bis*.

[2] Réponse Min. Fin., *Journal officiel*, 11 avril 1918, *J. E.*, 30.391.

[3] Décision Min. Fin. 28 août 1878 et 24 septembre 1883; Houpin, n° 1636. Pour les sociétés en nom collectif dont l'intérêt des emprunts n'était pas imposé avant la loi du 31 juillet 1917, il n'est pas possible de mettre l'impôt à leur charge; la clause qui déchargerait le créancier de l'impôt serait nulle (art. 40 de la loi du 31 juillet 1917).

104. Exonération pour sociétés de crédit émettant des obligations. — Sont exonérés de la taxe de 10 % les intérêts des prêts consentis à des commerçants ou industriels français par des sociétés françaises, de banque ou de crédit, par actions, qui émettent en représentation de ces prêts des obligations elles-mêmes soumises à l'impôt (art. 29, loi 31 juillet 1920 [1]).

105. Pénalités. — Les pénalités pour les contraventions aux dispositions concernant l'impôt sur le revenu sont de 100 francs à 5.000 francs en principal (lois 29 juin 1872, art. 5, et 23 juin 1857, art. 10). Ces pénalités sont soumises aux décimes (moitié en sus) (loi 25 juin 1920, art. 110).

106. Prescription vis-à-vis du Trésor. — La prescription pour l'action du Trésor, en paiement de l'impôt sur le revenu, est de cinq ans (loi 26 juillet 1893 [2]).

106 *bis*. Les pénalités se prescrivent également par cinq ans.

Primes de remboursement. Lots.

106 *ter*. La taxe de 10 % est perçue, lors de l'amortissement, sur la prime de remboursement des obligations émises par les sociétés, c'est-à-dire sur la différence qui existe entre le prix d'émission et la somme remboursée (si cette dernière est supérieure). Les copies de procès-verbaux de tirages doivent être déposées à l'Enregistrement dans les vingt jours, sous peine d'amende.

107. Les lots payés aux obligataires sont soumis à une taxe de 20 % (art. 50, loi 25 juin 1920).

[1] L'art. 30 de la loi du 31 juillet 1920 exonère également de la taxe les sociétés françaises de groupements de porteurs de titres étrangers.

[2] Pour les sociétés non soumises au contrôle de l'Administration (c'est-à-dire les sociétés non commerciales, depuis la loi du 31 juillet 1920) la prescription ne commence à courir que du jour où l'Administration a pu connaître l'exigibilité de l'impôt.

§ 5. Attribution a l'Etat de coupons intérêts, actions, parts de fondateurs, obligations, dépôts, etc.

107 *bis*. Prescription au profit de l'Etat. — D'après l'article 111 de la loi du 25 juin 1920 sont définitivement acquis à l'Etat, exception faite pour les sociétés d'habitation à bon marché :

1° Le montant des coupons, intérêts ou dividendes atteints par la prescription quinquennale et afférents à des actions ou à des obligations négociables émises par toute société commerciale ou civile ou par toute collectivité soit privée soit publique ;

2° Les actions, parts de fondateurs, obligations et autres valeurs mobilières des mêmes sociétés ou collectivités lorsqu'elles sont atteintes par la prescription trentenaire ;

3° Les dépôts de sommes d'argent et, d'une manière générale, tous avoirs en espèces dans les banques, les établissements de crédit et tous autres établissements qui reçoivent des fonds en dépôt ou en compte courant [1], lorsque ces dépôts ou avoirs n'ont fait l'objet, de la part des ayants droit, d'aucune opération ou réclamation depuis trente années.

107 *ter*. Communication. — Les agents de l'Enregistrement, des Domaines et du Timbre ont droit de prendre communication au siège des banques, établissements ou collectivités visés ci-dessus ou dans leurs agences ou succursales, de tous registres, délibérations et documents quelconques pouvant servir au contrôle des sommes ou titres à remettre à l'Etat.

108. Mode de remise. — Les sociétés, banques ou collectivités visées en la loi sont tenues — dit le décret d'adminis-

[1] On doit considérer, par suite, que les sociétés qui ne font pas *profession* de recevoir des sommes en compte courant ou des dépôts ne sont pas visées par la loi.

tration publique du 14 mai 1921 — de remettre au bureau des Domaines de leur siège :

1° Le montant des coupons, intérêts ou dividendes atteints par la prescription quinquennale et afférents aux actions et obligations négociables qu'elles ont émises;

2° Les actions, parts de fondateur, obligations et autres valeurs mobilières émises par elles et atteintes par la prescription trentenaire ou, à défaut, des duplicata négociables.

Toutes les fois que les titres comportent la forme nominative, la remise des valeurs s'opère au moyen de titres de cette nature établis jouissance courante au nom du Domaine de l'Etat.

Si les valeurs ainsi devenues la propriété de l'Etat ont été remboursées, rachetées, amorties ou ont été l'objet de répartitions, lots ou primes de quelque nature que ce soit, le versement de sommes ainsi acquises, à titre de remplacement ou d'accroissement, est versé au Domaine dans les formes établies pour la remise du montant des coupons, dividendes ou intérêts (art. 1er, décret 14 mai 1921).

108 *bis*. **Dépôts et comptes courants.** — Toute maison de banque, tout établissement de crédit et tous autres établissements qui reçoivent des fonds en dépôts ou en compte courant sont tenus de remettre au bureau des Domaines du siège de leur établissement tous les dépôts ou avoirs en espèces qui n'ont fait l'objet, de la part des ayants droit, d'aucune opération ou réclamation depuis trente ans.

Pour les banques, établissements ou entreprises qui possèdent des agences ou succursales et dont les écritures comptables relatives à ces dépôts ou avoirs ne sont pas centralisées à l'établissement principal, la remise doit être faite au bureau des Domaines du siège de l'agence ou de la succursale intéressée (art. 2, décret 14 mai 1921).

108 *ter*. **Epoques des remises.** — Les remises au Domaine sont effectuées dans le courant des mois de janvier, avril, juillet et octobre de chaque année.

Elles comprennent toutes les sommes et valeurs qui ont été atteintes par la prescription au cours du trimestre précédent.

La première remise trimestrielle à opérer au Domaine doit comprendre toutes les sommes et valeurs atteintes par la prescription depuis la mise en vigueur de la loi du 25 juin 1920 jusqu'au dernier jour du trimestre précédant la remise (art. 3, décret 14 mai 1921).

109. Relevés à fournir. — Chaque versement de sommes et valeurs est appuyé des relevés faisant ressortir distinctement, suivant les cas :

1° La désignation précise et détaillée des coupons, intérêts et dividendes compris dans le versement, l'indication de leur montant, la date de leur exigibilité, ainsi que la date d'échéance de la prescription quinquennale ;

2° La désignation précise et détaillée des titres ou duplicata remis au Domaine, l'indication de leur valeur nominale, la nature et la date de la dernière opération dont les titres ont fait l'objet, ainsi que la date d'échéance de la prescription ou, s'il s'agit de titres amortis ou ayant bénéficié de répartitions, lots ou primes de quelque nature que ce soit, la désignation précise et détaillée de ces titres, le montant et la date d'exigibilité des sommes, lots, primes et autres produits y afférents, la nature et la date de la dernière opération dont ils ont fait l'objet, ainsi que la date d'échéance de la prescription ;

3° Le nom et la qualité du déposant ainsi que la nature et le montant des dépôts ou avoirs en espèces versés au Domaine, la date de la dernière opération dont ils ont fait l'objet et la date d'échéance de la prescription.

Ces relevés doivent être certifiés véritables par les directeurs ou gérants des établissements ou collectivités tant pour leur établissement principal que pour leurs agences ou succursales (art. 4, décret 14 mai 1921).

109 *bis*. Amende. — Toute contravention aux dispositions qui précèdent est punie d'une amende de 100 francs à 5.000 francs, augmentée, le cas échéant, d'une somme égale au montant des coupons, intérêts, dividendes, dépôts ou avoirs ou à la valeur nominale des titres pour le versement ou la remise desquels une omission, une dissimulation ou une fraude quelconque a été commise au préjudice de l'Etat par la société, la collectivité ou l'établissement intéressé (art. 111, dernier alinéa loi 25 juin 1920).

§ 6. Taxe de mainmorte.

110. Rôles. — Cette taxe, qui incombe à la société, est réclamée avec l'impôt foncier ordinaire et établie par voie de rôles.

111. Tarif. — Elle est calculée à raison de 1 fr. 30 (décimes compris) par franc du principal de la contribution foncière des propriétés bâties et non bâties (lois 20 février 1849 et 31 juillet 1920, art. 5).

112. Ce principal est de 10 % du revenu cadastral (loi 25 juin 1920, art. 47), en sorte que la taxe est en résumé de 13 % du revenu cadastral (1 fr. 30 × 10).

113. Exemple d'imposition. — Ainsi une maison d'une valeur locative de 400 francs (revenu brut) est d'un revenu cadastral de 300 francs (1/4 en moins). Le principal de la contribution foncière sur cette maison est de 30 francs (10 % de 300 fr.) et la taxe de mainmorte s'élèverait à 39 francs (30 × 1 fr. 30[1]).

[1] Comme on vient de le voir, pour les propriétés bâties autres que les usines, il est diminué un quart sur la valeur locative (revenu brut) pour fixer le revenu cadastral qui est un revenu forfaitaire net (art. 2, loi 13 juillet 1900) ; pour les terres il est diminué 1/5 (art. 2, loi 29 mars 1914) et pour les usines 40 % (art. 2, loi 13 juillet 1900). Les bâtiments des exploitations rurales, tels que granges, écuries, pressoirs, etc., sont exemptés de l'impôt foncier des propriétés bâties (loi 3 frimaire an VII, art. 85, et loi 30 novembre 1894, art. 5).

Comme contrôle, si on veut reconstituer la valeur locative, lorsque le revenu cadastral est connu, il faut, par suite, ajouter à ce dernier revenu

114. Exemption. — La loi du 14 décembre 1875 porte que les sociétés anonymes faisant l'achat et la vente d'immeubles sont exemptées de la taxe.

115. Il a été décidé, depuis la loi du 31 mars 1903, que cette exemption s'appliquait à toutes autres sociétés faisant l'achat et la vente des immeubles [1].

116. L'Administration émet la prétention de faire payer une patente aux sociétés anonymes immobilières en prétendant que celles-ci constituent des sociétés de spéculation (Conseil d'Etat 22 février 1918).

117. Il s'agit, bien entendu, d'une question de fait, mais il faut considérer que si la patente est due il y a exonération de la taxe de mainmorte en vertu de la loi du 14 décembre 1875.

118. La société immobilière qui ne fait pas de spéculations, bien que soumise aux formalités des sociétés commerciales par l'article 68 de la loi du 24 juillet 1867 (ajouté par la loi du 1er août 1893), a bien un objet civil (Solution 10 avril 1918; Cassation 22 février 1898; Houpin, 5e édit., n° 110) et, de ce fait, elle ne doit pas payer la patente ni la taxe sur les bénéfices commerciaux [2]. Il faut avoir soin dans les statuts d'indiquer que la société a seulement pour but d'administrer des immeubles déterminés et ne pas conférer au Conseil d'administration le pouvoir de faire toutes acquisitions d'immeubles [3].

1/3 pour les propriétés bâties autres que les usines et 1/4 pour les propriétés non bâties; pour les usines il faut prendre les 10/6 du revenu cadastral.

La révision des estimations cadastrales se fait tous les 10 ans pour la propriété bâtie et tous les 20 ans pour la propriété non bâtie (art. 7 et 22, loi 29 mars 1914).

Par revenu cadastral on entend un revenu diminué des charges autres que les impôts.

[1] Conseil d'Etat, 6 avril 1908; Maguéro, sur *J. S.*, 1912, p. 49 et 54.

[2] De même elle ne doit pas, non plus, la taxe sur le chiffre d'affaires (Réponse Min. Fin., *Journal officiel*, 13 décembre 1920).

[3] Le Conseil d'administration demandera l'autorisation de l'Assemblée générale si une acquisition devient nécessaire.

119. Si la société avait des immeubles destinés à la vente (spéculation) et d'autres devant être conservés il y aurait lieu à ventilation; les immeubles destinés à la vente seraient exonérés de la mainmorte, mais, dans ce cas, la société devrait la patente et l'impôt sur les bénéfices commerciaux [1]; quant aux immeubles à conserver ils seraient passibles de la taxe de mainmorte.

120. Point de départ de la taxe. — D'après la loi du 29 décembre 1884, art. 2, les sociétés sont imposables à la mainmorte à partir du 1er du mois qui suit leur constitution ou l'acquisition des immeubles.

121. Aliénations. — L'Administration prétend qu'en cas d'aliénation la société doit la taxe pour l'année entière (Conseil d'Etat 21 avril 1882, *S.*, 84.3.24; Tardieu, 6.174).

§ 7. Communication.

122. Les sociétés par actions (et toutes sociétés, de quelque nature qu'elles soient, qui ont émis des obligations négociables), sont tenues de communiquer aux agents de l'Enregistrement, à toute réquisition, sous peine d'amende, les registres à souche des actions et obligations, les registres de transferts et conversions, les pièces et documents relatifs aux transferts et conversions, lots et primes de remboursement, leurs registres de comptabilité et pièces comptables [2].

123. Ce droit de communication n'existait que dans les sociétés sus-indiquées avant la loi du 31 juillet 1920. L'Enregistrement n'avait aucun droit d'investigation dans les autres sociétés n'émettant pas d'obligations négociables [3], dans les sociétés par parts d'intérêts, par exemple.

[1] La taxe sur le chiffre d'affaires n'est pas due (Réponse Min. Fin. 13 décembre 1920; Lascour, *L'Impôt sur le chiffre d'affaires*, n° 20).

[2] Loi 5 juin 1850, art. 16 et 28; décret 17 juillet 1857, art. 9; lois 23 août 1871, art. 22; 21 juin 1875, art. 7; décret 15 décembre 1875, art. 4; lois 26 juillet 1893, art 21, et 17 avril 1906, art. 5.

[3] Seine 17 juillet 1912, *J. E.*, 28.759, *J. S.*, 2.361.

Depuis, le droit de communication a été étendu à la comptabilité de *tout commerçant* faisant un chiffre d'affaires supérieur à 50.000 francs (art. 32, loi 31 juillet 1920).

124. Les lettres (à moins qu'elles ne soient mentionnées sur les registres, comme pièces comptables) et les documents d'ordre intérieur échappent au droit de communication.

125. L'Administration de l'Enregistrement prétend que le registre des délibérations du Conseil d'administration est soumis au droit de communication [1]. Ce droit est contesté [2] [3] [4].

§ 8. Exemple d'imposition.

125 *bis*. Calcul des taxes. — Une société anonyme au capital de 2.000.000 de francs divisé en 4.000 actions de 500 francs (cours moyen 480 fr.), dont 1.000 nominatives et 3.000 au porteur, a distribué un dividende brut de 35 fr. par action. Elle a émis 2.000 obligations de 500 francs 6 % brut (cours moyen 470 fr.) toutes au porteur, représentant par suite un capital de 1.000.000 de francs. La société pos-

[1] Cassation 28 février 1898, *Rev. Nouv.*, 1898, p. 2236, *J. S.*, 1898, p. 304; Cassation 21 mars 1906, *Rev. Nouv.*, 1906, p. 344; Seine 17 décembre 1904, *Rev. Nouv.*, 1907, p. 202; Seine 7 juin 1910, *J. E.*, 28.071, *J. S.*, 2.061. Voir *Rev. Nouv.*, 1907, p. 44 et 224.

L'Administration pourrait se prévaloir, aujourd'hui, des dispositions de l'art. 111 de la loi du 25 juin 1920 (voir *supra*, n° 107 *ter*).

[2] Seine 17 novembre 1893; Rouen 31 mai 1899; Houpin, n° 1673.

[3] Les sociétés dépositaires de sommes et valeurs doivent, dans les trois mois au plus tard de l'ouverture d'un compte indivis ou collectif, avec solidarité, faire connaître au Directeur de l'Enregistrement du département de leur résidence, les noms de chacun des déposants ainsi que la date de l'ouverture du compte sous peine d'une amende de 500 fr. à 5.000 fr. (art. 7, loi 31 mars 1903). Cette disposition ne s'applique que lorsqu'il y a solidarité, c'est-à-dire lorsqu'un déposant peut retirer seul la totalité du dépôt; elle ne vise donc pas les comptes indivis ordinaires.

[4] La loi du 25 juin 1920 porte que pour la taxe sur le chiffre d'affaires, les commerçants doivent conserver leurs factures d'achat pendant un délai de trois ans à compter du 1er janvier de l'année où les pièces ont été établies.

sède des immeubles bâtis et non bâtis compris à la matrice cadastrale pour un revenu total de 3.000 francs.

Les taxes annuelles concernant cette société seront les suivantes :

a) *Taxes incombant à la société :*

Droit de timbre des actions à 0,10 % sur 2.000.000 de francs......................	2.000 »
Droit de timbre des obligations à 0,10 % sur 1.000.000 de francs......................	1.000 »
Taxe de mainmorte sur un revenu de 3.000 fr. Le principal de la contribution foncière (10 %) est de 300 francs, ce qui représente à 1 fr. 30 par franc une taxe de..............	390 »

b) *Taxes à retenir aux actionnaires et aux obligataires :*

1° Droit de transmission :	
Actions au porteur 480 × 3.000 = = 1.440.000 francs à 0,50 %........	7.200 »
Obligations au porteur 470 × 2.000 = = 940.000 francs à 0,50 %..........	4.700 »
2° Impôt sur le revenu :	
Actions 35 × 4.000 = 140.000 francs à 10 %............................	14.000 »
Obligations 30 × 2.000 = 60.000 francs à 10 %............................	6.000 »

Nous avons vu que la taxe de mainmorte se payait de la même manière que l'impôt foncier et que les autres taxes devaient être acquittées par trimestre.

125 *ter*. Exemple de calculs pour établir un revenu brut. — Une société anonyme veut distribuer un revenu net de 25 francs pour chacune de ses actions au porteur (cours moyen 480 fr.); quel revenu brut devra être fixé par l'assemblée générale ?

Les actions nominatives auront droit, en plus de la somme nette distribuée aux actions au porteur, soit..........	25 »
à une somme équivalente au droit de transmission retenu à ces actions au porteur (voir *supra*, n° 73), soit (480 × 0,50)..........	2 40
Au total..........	27 40

En supposant un revenu brut de..........	100 »
Si on déduit l'impôt sur le revenu (10 %)......	10 »
Il reste net..........	90 »

Lorsque le revenu net est de 90 francs le revenu brut est de 100 francs.

Soit pour un revenu net de 27 fr. 40 un revenu brut de 100 × 27,40 : 90 = 30 fr. 4444.

Le résultat est donc : 30 fr. 4444 (c'est-à-dire en résumé les 10/9 du revenu net de 27 fr. 40).

Il revient bien :

Aux actions nominatives..........		30 44
Moins impôt sur le revenu (10 %)..........		3 04
Reste net..........		27 40
Et aux actions au porteur..........		30 44
Moins :		
Impôt sur le revenu..........	3 04	5 44
Taxe de transmission..........	2 40	
Reste net..........		25 »

Le revenu d'un titre est déterminé, en pratique, d'après la nature de ce titre au jour de l'échéance du coupon. Ainsi une action convertie du nominatif au porteur peu de jours avant l'échéance touchera le dividende comme si elle avait toujours été au porteur pendant l'exercice et, par contre, une action au porteur convertie au nominatif touchera le dividende des titres nominatifs bien que le droit de transmission ait été payé par la société, pour cette action, pendant une partie de l'exercice. Un autre système conduirait à des contrôles par trop compliqués pour les banquiers chargés du service des coupons.

CHAPITRE II

Sociétés en commandite par actions.

126. Les sociétés en commandite par actions sont soumises aux mêmes impôts et taxes que les sociétés anonymes. Tout ce que nous avons dit ci-dessus en ce qui concerne les déclarations d'existence et de modifications des statuts, le timbre, les droits de transmission, la taxe sur le revenu et la taxe de mainmorte est donc applicable à ces sortes de sociétés [1].

127. Toutefois, une restriction doit être faite relativement à l'impôt sur le revenu.

128. La taxe de 10 % est bien due sur les dividendes ordinaires que les gérants ou associés en nom touchent à raison des actions qu'ils possèdent, mais elle n'est pas due sur la part de bénéfices qui leur est allouée spécialement par les statuts à raison de leur travail [2]; la loi du 13 juillet 1911 ne s'applique pas à ces bénéfices et ne vise que les Conseils d'administration [3].

129. Si l'allocation de bénéfices aux gérants ou associés en nom était faite à raison d'un apport en société (et non pour les rémunérer de leur travail) la taxe serait due. Il importe que les statuts soient bien précis sur ce point [4].

[1] Les dispositions rapportées, *supra*, n° 107 *bis* et suivants, concernant la prescription au profit de l'Etat sont également applicables.

[2] Cassation 23 février 1909 et 13 avril 1910, *Rev. Nouv.*, 1911, p. 427, *J. E.*, 28.009. Voir Etude *J. E.*, 27.782; Seine 17 octobre 1911, *J. E.*, 28.596.

[3] Les bénéfices alloués au Conseil de surveillance ne sont pas, non plus, soumis à la taxe (*J. E.*, 28.307 et 29.042).

[4] Cassation 15 juin 1915, *J. S.*, 2.554; Lure 19 octobre 1911, *J. E.*, 28.630.

CHAPITRE III

Sociétés en commandite simple ou par parts d'intérêts.

130. Ces sociétés n'ont pas à faire de déclaration d'existence, à moins qu'elles émettent des obligations. Dans ce dernier cas la déclaration doit intervenir dans le mois de l'émission.

131. Timbre. — Si les droits des sociétaires résultent de titres indépendants des statuts, transmissibles dans les conditions de l'article 1690 du Code civil, ces titres sont soumis au timbre de dimension[1] et non au droit de timbre des actions[2][3].

132. Les obligations négociables sont soumises, quant au droit de timbre, aux mêmes dispositions que celles émises par les sociétés par actions (nos 33 et suiv., *supra*).

133. Droits de transmission. — Les cessions de parts ou de droits sociaux sont assujetties au droit de 0,90 % sans décimes[4].

134. Taxe sur le revenu. — La taxe de 10 % est due seulement sur la commandite (partie versée)[5]. Elle est calculée sur les dividendes distribués réellement, lorsque

[1] Loi 13 brumaire an VII, art. 12.

[2] Voir Seine 22 décembre 1899, *J. E.*, 25.923, et 4 février 1908, *J. E.*, 27.763; Primot, n° 65; Maguéro, Titres négociables, n° 27; Houpin, n° 1597.

[3] Les art. 14 et 22 de la loi du 5 juin 1850 ne visent que les actions négociables; les titres transmissibles (même les actions) dans les formes de l'art. 1690 du Code civil échappent aux dispositions de ces articles (art. 25 même loi). En cas de contravention il serait donc dû l'amende ordinaire de timbre de 75 francs (décimes compris).

[4] Les transmissions de parts d'intérêts n'étaient pas assujetties à enregistrement dans un délai déterminé avant la loi du 29 juin 1918.

[5] Maguéro, nos 181-184.

ces dividendes sont fixés, soit par le Conseil d'administration [1], soit par l'assemblée générale [2].

135. Il y a lieu de payer sur le revenu réel lorsque l'assemblée générale approuve les comptes, bien qu'il ne soit pas dit qu'elle fixe le dividende, si la répartition découle ensuite des statuts (Cassation 21 avril 1913, cité; 20 juin 1919, *G. P.*, 19 septembre 1919, *J. E.*, 30.865).

136. Généralement il n'existe pas de « Conseil d'administration » dans les sociétés en commandite (du moins le terme serait impropre), mai il a été décidé qu'un Conseil de gérance prenant des décisions à la majorité des membres devait être assimilé à un Conseil d'administration [3].

137. Lorsque les dividendes ne sont pas fixés par le Conseil d'administration ou par l'assemblée générale, le revenu est évalué à forfait par l'enregistrement à 5 % [4] quels que soient les dividendes distribués [5].

138. Ces 5 % sont calculés sur la partie du capital social apportée par les commanditaires ou sur le prix moyen des cessions de parts consenties pendant l'année qui précède la perception de la taxe. Le calcul ne se fait sur le capital de la commandite qu'à défaut de cessions dans l'année [6].

[1] Loi 29 juin 1872.

[2] Cassation 27 février 1900; Versailles 23 novembre 1906, *J. E.*, 27.388; Cassation 21 avril 1913, *J. E.*, 28.928, *J. S.*, 2.352.

[3] Société de la Librairie Hachette; Cassation 20 mai 1901, *J. E.*, 26.139; Seine 22 février 1902, *J. S.*, 1903, p. 398.

[4] Comme il y a forfait, le revenu, qu'il soit en plus ou en moins, est toujours de 5 %, même dans le cas où les statuts sociaux prévoient que les apports des associés, y compris la commandite, seront productifs d'un intérêt de 6 % à porter à frais généraux (*Dict. des rédacteurs de l'Enreg.*, Actions et Obligations, n° 900).

[5] Si les statuts n'attribuent pas formellement au Conseil d'administration ou à l'Assemblée générale le pouvoir de fixer les dividendes (dans le cas, par exemple, où les bénéfices ressortent purement et simplement de l'inventaire) c'est le forfait de 5 % qui sert de base à la taxe de 4 % sur le revenu. L'indication de cette fixation par les statuts est indispensable pour échapper au forfait. A la différence des sociétés par actions les comptes rendus ou autres documents analogues ne sont pas admis pour la fixation des dividendes.

[6] Une seule cession suffit (*Sol.*, 10 août 1886, *J. E.*, 22.752).

139. Les sociétés par parts d'intérêts qui sont soumises au forfait de 5 % peuvent justifier de leur improductivité par leurs registres et s'exempter de la taxe de 10 % [1].

140. Il a même été décidé que celles (soumises au forfait) qui ont réalisé des bénéfices, mais qui justifient n'avoir fait aucune distribution aux associés ne doivent pas acquitter l'impôt de 10 % [2].

141. La taxe n'est pas due sur les bénéfices ordinaires alloués aux parts d'intérêts possédées par les gérants ou associés en nom; c'est ce qui différencie les sociétés en commandite par parts d'intérêts des sociétés en commandite par actions. Elle n'est pas due non plus, bien entendu, sur la part de bénéfices allouée aux gérants ou associés en nom à raison de leur travail [3].

142. Les gérants doivent donc faire connaître à l'Administration de l'Enregistrement les modifications qui se produisent dans le chiffre de la commandite.

143. Le compte rendu de l'assemblée générale ou la délibération du Conseil d'administration fixant le dividende doit être déposé chaque année au bureau de l'Enregistrement dans les vingt jours de sa date.

144. Les paiements de taxe se font aux mêmes époques et de la même manière que pour les sociétés anonymes (n° 77 *supra*).

145. Pour les sociétés qui paient les droits sur le forfait de 5 %, le règlement définitif se fait chaque année dans les vingt premiers jours de mai.

[1] Cassation 13 avril 1886, *J. E.*, 22.659, *S.*, 87.1.181; Cassation 21 mai 1919, *J. E.*, 30.717, *J. S.*, 1921, p. 75.

[2] Cassation 27 mars 1893, *J. E.*, 23.461; Houpin, n° 1640. *Contra :* Maguéro, Impôt sur le revenu, n° 192 et décisions citées.

[3] Mais dans ce cas ceux-ci doivent l'impôt cédulaire sur les traitements, comme d'ailleurs les gérants des sociétés en commandite par actions (n° 128, *supra*).

146. La taxe est retenue par la société aux commanditaires sur la part de bénéfices de ces derniers.

147. Les intérêts des emprunts faits par les sociétés en commandite simple ou par parts d'intérêts sont soumis à la taxe de 10 %, la loi du 28 avril 1893, art. 36, n'exemptant de l'impôt que les sociétés en nom collectif.

147 *bis*. Prescription au profit de l'Etat. — Les règles rappelées sous les n°s 107 *bis* et suivants sont applicables à ces sociétés pour les obligations négociables qu'elles peuvent émettre.

148. Taxe de mainmorte. — Ces sociétés ne sont pas assujetties à la taxe de mainmorte (art. 2, loi 31 mars 1903). Voir toutefois pour sociétés par parts d'intérêts *librement cessibles :* Conseil d'Etat 12 février 1919 (*Rev. Nouv.,* p. 16).

CHAPITRE IV

Sociétés en nom collectif.

149. Les sociétés commerciales en nom collectif ne sont pas assujetties à la taxe sur le revenu, à raison de leurs bénéfices (loi 1er décembre 1875).

Les intérêts de leurs emprunts sont maintenant imposables à la taxe de 10 % (lois 31 juillet 1917, art. 38, et 25 juin 1920, art. 50). La perception de l'impôt se fait par l'apposition de timbres comme pour les emprunts des particuliers [1].

150. Ces sociétés ne doivent pas la taxe de mainmorte.

151. Si les droits des associés en nom collectif, représentés par exemple par des parts d'intérêts, étaient constatés par des titres distincts des statuts, ces titres seraient établis sur timbre de dimension. (Voir ce qui est dit ci-dessus pour les sociétés en commandite simple, n° 131 *supra*).

152. Les titres d'obligations négociables de ces sociétés (c'est-à-dire les titres dont la transmission ne se fait pas dans les termes de l'art. 1690 du Code civil) sont soumis au droit de timbre au comptant, sauf abonnement comme dans les sociétés par actions (n° 33 *supra*).

[1] Comme conséquence, les sociétés en nom collectif ont droit à un dégrèvement équivalent sur l'impôt foncier en conformité de l'art. 42 de la loi du 31 juillet 1917, en ce qui concerne leurs emprunts hypothécaires.

Le même dégrèvement devrait être accordé à toutes les autres sociétés, mais l'Administration ne l'admet pas, en prétendant que les reçus revêtus des timbres ne peuvent être représentés, puisque le paiement de la taxe a lieu par déclaration trimestrielle et que, par suite, l'une des conditions exigées par la loi pour le dégrèvement n'est pas remplie.

Ainsi qu'il est dit sous le n° 101, *supra*, en note, la taxe sur le revenu portant sur les intérêts des emprunts des sociétés en nom collectif incombe obligatoirement au créancier et ne peut être mis à la charge de la société.

153. La transmission des droits sociaux, dans une société en nom collectif, est assujettie au droit de 0,90 % sans décimes [1], à la condition que la cession n'amène pas la dissolution de la société. Dans le cas où l'être moral disparaîtrait du fait de la cession (s'il n'existe que deux associés et que l'un cède ses droits à l'autre) le droit serait perçu d'après la nature des biens faisant l'objet de la cession [2].

153 *bis*. Les intérêts des obligations négociables qui peuvent être émises par les sociétés en nom collectif sont soumis aux dispositions rappelées plus haut (nos 107 *bis* et suiv.) concernant la prescription au profit de l'Etat.

[1] Cassation 27 avril 1906, *Rev. Nouv.*, 1906, p. 297; Houpin, n° 1560. Voir également *Rev. Nouv.*, 1910, p. 381; *Sol.*, 13 mai 1910, *J. Notar.*, 1913, p. 348, Etude Defrénois, 19.375.

[2] Cassation 23 février, 14 juin 1898 et 16 décembre 1918.

CHAPITRE V

Sociétés en participation.

154. Les sociétés en participation n'ont pas, en principe, à payer l'impôt sur le revenu [1].

155. Ces sociétés n'ayant pas la personnalité morale les cessions de droits consenties par les associés ne sont pas passibles du tarif d'Enregistrement de 0,90 % (qui s'applique seulement aux sociétés ayant une personnalité distincte de celle des associés) mais bien du droit de vente, d'après la nature des biens qui font l'objet de la transmission (biens apportés par le cédant dans la société [2]).

[1] Houpin, n° 1632; Primot, n°s 620-625.
[2] Cassation 13 novembre 1872; *S.*, 73.1.41; Houpin, n° 1562.

DEUXIÈME PARTIE

SOCIÉTÉS DONT L'OBJET EST CIVIL

CHAPITRE Ier

Sociétés anonymes ou en commandite par actions.

156. Ces sociétés sont soumises aux mêmes droits et formalités que celles dont l'objet est commercial, étant assimilées à ces dernières sociétés par l'article 68 de la loi du 24 juillet 1867, modifiée par la loi du 1er août 1893.

CHAPITRE II

Sociétés en commandite simple ou par parts d'intérêts.

157. On ne conçoit guère de pareilles sociétés bien que, théoriquement elles soient possibles [1], tous les sociétaires y compris les commanditaires devant être tenus indéfiniment (mais sans solidarité) du passif social, dans les termes de l'article 1863 du Code civil [2]. En effet, il est admis aujourd'hui que l'article 68 de la loi du 24 juillet 1867 (modifié) ne leur est pas applicable, malgré la généralité de ses termes [3].

158. Ces sociétés doivent supporter les droits et taxes que nous avons indiqués pour les sociétés *commerciales* en commandite simple ou par parts d'intérêts (n°s 130 et suiv. *supra*), mais, par dérogation à ce que nous avons dit pour ces dernières sociétés, l'impôt sur le revenu doit être calculé même sur les bénéfices [4] alloués aux gérants ou associés en nom, à raison de leurs droits sociaux ou de leurs parts d'intérêts [5], la loi du 1er décembre 1875 n'exemptant les gérants des impôts que pour les sociétés commerciales [6].

159. De plus, les sociétés de cette nature doivent la taxe de mainmorte (n°s 110 et suiv. *supra*), s'il est stipulé aux statuts qu'elles ne sont pas dissoutes par le décès des associés [7].

[1] Primot, n° 587; Cassation 21 mai 1919, *J. S.*, 1921, p. 75.
[2] *Contra :* Primot, n° 587.
[3] Cassation 3 janvier 1912, *S.*, 1912.1.229.
[4] Bénéfices réels ou forfait de 5 % sur la totalité du capital social, selon que les dividendes sont fixés ou non par le Conseil d'administration ou l'Assemblée générale.
[5] En sorte que le calcul se fait comme pour les sociétés en commandite par actions.
[6] Primot, n° 587.
[7] Maguéro sur *J. S.*, 1912, p. 49.

160. Toutefois, depuis la loi du 31 mars 1903, les sociétés qui ont pour objet exclusif l'achat et la vente des immeubles bénéficient de l'exemption qui résultait seulement auparavant, pour les sociétés anonymes, de la loi du 14 décembre 1875 (voir ci-dessus, n° 115).

CHAPITRE III

Sociétés particulières ordinaires.

161. Les sociétés particulières ordinaires, constituées conformément aux dispositions du Code civil, sont assujetties aux mêmes droits que celles du chapitre II (sociétés civiles en commandite) y compris la taxe de mainmorte (n° 158 *supra*).

162. L'impôt sur le revenu est calculé sur la totalité des bénéfices distribués ou sur le revenu forfaitaire de 5 %[1] selon les distinctions que nous avons rappelées sous le chapitre III de la première partie (n°s 134 et suiv. *supra*).

163. Il importe de ne pas créer, autant que possible, des titres de parts d'intérêts distincts des statuts, car on a soutenu que ces titres, surtout lorsqu'ils étaient facilement négociables, constituaient de véritables actions et que la société particulière ainsi formée serait nulle si elle n'avait pas été publiée et si les formalités prescrites par la loi du 24 juillet 1867 (vérification des apports en nature, par exemple) n'avaient pas été remplies[2].

164. Ces sociétés, de même que celles du chapitre II, ne sont pas soumises au droit d'investigation de l'Administration de l'Enregistrement puisqu'elles ne sont pas commerciales (voir n° 123 *supra*).

[1] Du capital versé : *Sol.*, 29 avril 1884 ; *J. E.*, 22.302 ; Maguéro, Impôt sur le revenu, n° 184.

[2] Voir criterium, pour distinction entre sociétés anonymes et sociétés par parts d'intérêts : Besançon 27 mars 1903 ; Montpellier 20 mai 1903 ; Cassation 7 janvier 1908, *J. S.*, 1908, p. 176.

Ce qui caractérise la société anonyme c'est la limitation de la responsabilité des associés et la négociabilité des titres représentant les droits sociaux.

CHAPITRE IV

Sociétés en nom collectif.

165. Les sociétés en nom collectif, dont l'objet est civil, doivent payer l'impôt sur le revenu [1] comme les sociétés particulières ordinaires (n° 162 ci-dessus); l'impôt est également dû sur les intérêts de leurs emprunts [2].

166. L'impôt sur le revenu est calculé sur le revenu forfaitaire de 5 % ou sur les bénéfices réels distribués, suivant les distinctions exposées ci-dessus (n°s 134 et suiv. [3]). Les statuts doivent donc préciser le mode de fixation des bénéfices.

167. Ces sociétés (autres que celles ayant pour objet l'achat et la vente des immeubles) supportent la taxe de mainmorte [4] s'il est stipulé aux statuts qu'elles ne sont pas dissoutes par le décès des membres la constituant [5] et que les droits dans ces sociétés sont cessibles (fût-ce avec restrictions).

[1] Conseil d'Etat 8 juillet 1910, *J. S.*, 1912, p. 50; Bourges 22 mars 1906, *J. E.*, 27.285; Soissons 1er mars 1911, *G. P.*, 1911.1.655; Saint-Amand 5 février 1919, *J. E.*, 31.121; Maguéro, Impôt sur le revenu, n°s 41 et 54: Primot, n° 586; Dalloz, *Code de l'Enregistrement*, 15.898. Si la société faisait l'achat et la vente d'immeubles elle serait commerciale et ne devrait par l'impôt (Soissons 1er mars 1911, cité *J. E.*, 29.155).

[2] Cassation 2 août 1886, *S.*, 87.1.231; *J. E.*, 22.725.

[3] Il est prévu rarement des assemblées générales, mais ce n'est pas impossible.

[4] Loi 31 mars 1903, art. 2.

[5] Maguéro, sur *J. S.*, 1912, p. 49; Conseil d'Etat 8 juillet 1910, *S.*, 1913.3.14.

TROISIEME PARTIE

SOCIÉTÉS SPÉCIALES

Timbre.

168. Sont exemptées de droit de timbre au comptant ou par abonnement de la loi du 5 juin 1850 :

1° *Les sociétés coopératives de consommation* qui donnent un intérêt fixe annuel, pour leurs parts d'intérêts;

2° *Les sociétés de crédit mutuel agricole* [1], pour leurs parts d'intérêts [2] [3];

3° *Les sociétés* approuvées de construction et de crédit pour les *habitations à bon marché,* pour leurs titres d'actions et d'obligations [4];

4° Les sociétés qui émettent des emprunts gagés par les indemnités pour dommages de guerre, pour les titres de ces emprunts [5].

[1] Loi 5 novembre 1894, art. 4; *Sol.,* 30 août 1900; Décision Min. Fin. 29 juillet 1905.

[2] Le capital ne peut être divisé en actions pour le bénéfice de l'exemption.

[3] S'il est délivré des titres pour ces deux espèces de sociétés ils sont soumis au timbre de dimension (Décision Min. Fin. 29 juillet 1905, *J. S.,* 1906, p. 376). Les sociétés n'ont pas à faire de déclaration d'existence. La loi du 5 août 1920, qui codifie les dispositions concernant les sociétés agricoles, ne parle pas du droit de timbre, mais il ne saurait y avoir timbre par abonnement ou au comptant puisque les sociétés ne comportent pas d'actions.

[4] Art. 11, loi 12 avril 1906, *J. E.,* 27.088; *Instr.,* 16 mai 1906, *J. S.,* n° 1612. Pour ces titres il n'y a ni timbre proportionnel ni timbre de dimension.

[5] Art. 157, loi 31 juillet 1920, et art. 2, loi 24 mars 1921. Sont exonérées ainsi du droit de timbre les obligations du Groupement des Houillères du Nord et du Pas-de-Calais.

Droit de transmission.

169. Sont exemptées des formalités de la loi du 23 juin 1857 :

1° *Les sociétés coopératives de consommation,* pour leurs parts d'intérêts donnant droit à un intérêt fixe annuel [1];

2° *Les sociétés de crédit agricole,* pour leurs parts [2];

Comme le dit Maguéro, ce n'est là que l'application du principe général que les actions (*titres négociables*) sont seules soumises aux dispositions de la loi du 23 juin 1857.

170. Les cessions de parts d'intérêts dans les deux espèces de sociétés sus-indiquées sont soumises au droit de 0 fr. 90 % et l'enregistrement en est devenu obligatoire depuis la loi du 29 juin 1918.

171. Les sociétés d'habitations à bon marché ne sont pas exemptes des droits de transmission et sont soumises à la loi de 1857 pour leurs actions (voir *J. E.*, 29.991, § 8).

171 *bis*. Les sociétés qui émettent des emprunts gagés par les indemnités pour dommages de guerre sont exonérées de la taxe de transmission et des droits de transfert pour les titres de ces emprunts [3].

Impôt sur le revenu.

172. Les sociétés suivantes sont exemptes de l'impôt sur le revenu :

1° Les sociétés de toute nature dites de *coopération* formées *exclusivement* entre des ouvriers ou artisans au moyen de leurs cotisations périodiques, pour leurs parts d'intérêts, actions et intérêts des emprunts [4];

[1] Maguéro, Titres négociables, Supp. n° 23.

[2] Loi 5 novembre 1894, art. 4.

[3] Loi 31 juillet 1920, art. 157, et art. 2, loi 24 mars 1921. (Exemple : obligations du Groupement des Houillères du Nord et du Pas-de-Calais.)

[4] Loi 30 décembre 1903, art. 21, et loi 8 avril 1910, art. 25, *J. E.*,

2° Les *sociétés* de construction et de crédit pour les *habitations à bon marché,* pour leurs actions, parts d'intérêts et obligations [1] et les Offices d'habitations à bon marché (loi 30 juillet 1913);

3° Les *sociétés de crédit mutuel agricole,* les *sociétés coopératives agricoles* et les *sociétés d'intérêt collectif agricole* ayant bénéficié d'avances de l'Etat, pour leurs parts d'intérêts, emprunts ou obligations (art. 31, loi 5 août 1920; *J. N.,* 32.742 [2]);

4° Les sociétés qui émettent des emprunts gagés par les indemnités pour dommages de guerre, pour les intérêts de leurs emprunts [3].

Taxe de mainmorte.

173. L'article 9 de la loi du 12 avril 1906, sur les *habitations à bon marché,* porte que les sociétés approuvées, quelle qu'en soit la forme, qui ont pour objet exclusif la construction et la vente des maisons à bon marché, sont exemptées de la taxe de mainmorte et que la taxe continuera à être perçue pour les maisons exploitées par la société ou mises en location par elle [4]. Pour les sociétés ainsi imposables la taxe a été réduite à 0 fr. 85 par franc du principal de la contribution foncière (voir n° 111 *supra*) par l'article 5 de la loi du 31 juillet 1920.

27.956; Cassation 14 janvier 1913, *S.*, 1918.1.137. La disposition s'applique aux sociétés de production de la loi du 18 décembre 1915.

[1] Loi 12 avril 1906, art. 12. Loi 31 décembre 1918, art. 18.

[2] Pour les obligations négociables, ces sociétés ne sont dispensées que de l'impôt sur le revenu (Décision Min. Fin. 29 juillet 1905, *J. S.*, 1906, p. 376).

[3] Loi 31 juillet 1920, art. 157, et art. 2, loi 24 mars 1921.

[4] Les associations reconnues d'utilité publique qui se livrent à des opérations de construction et de vente d'habitations à bon marché ont été également exonérées de la taxe par la loi du 26 décembre 1908, art. 3.

TABLE

(Renvoi aux numéros de la Notice.)

PREMIÈRE PARTIE

SOCIÉTÉS COMMERCIALES

CHAPITRE Ier

Sociétés anonymes.

§ 1er. DÉCLARATION D'EXISTENCE. — MODIFICATIONS AUX STATUTS.

§ 2. TIMBRE.

Actions.

Obligations.

Parts de fondateur.

§ 3. Droit de transmission.

Actions.

Obligations. Parts de fondateur.

§ 4. Taxe sur le revenu.

Actions.

Allocations du Conseil d'administration.

Parts de fondateur. Obligations. Emprunts. Primes de remboursement. Lots.

§ 5. Attribution a l'Etat de coupons intérêts, actions, parts de fondateur, obligations, dépôts, etc.

§ 6. Taxe de mainmorte.

§ 7. Communication.

§ 8. Exemple d'imposition.

CHAPITRE II

Sociétés en commandite par actions.

CHAPITRE III

Sociétés en commandite simple ou par parts d'intérêts.

CHAPITRE IV

Sociétés en nom collectif.

CHAPITRE V

Sociétés en participation.

DEUXIÈME PARTIE

SOCIÉTÉS DONT L'OBJET EST CIVIL

TROISIÈME PARTIE

SOCIÉTÉS SPÉCIALES

Grenoble, Imp. Joseph Allier, cours Jean-Jaurès, 26.

www.ingramcontent.com/pod-product-compliance
Ingram Content Group UK Ltd.
Pitfield, Milton Keynes, MK11 3LW, UK
UKHW020438180726
13839UKWH00004B/1555

9 782329 203027